INSTRUCTION RELATIVE

AUX

ÉTABLISSEMENS D'HUMANITÉ.

INSTRUCTION,

ADRESSÉE

PAR LE PRÉFET

DU DEPARTEMENT DE RHIN ET MOSELLE,

AUX

COMMISSIONS ADMINISTRATIVES

DES

ÉTABLISSEMENS D'HUMANITÉ

DU MEME DÉPARTEMENT.

BRUMAIRE AN XII.

COBLENCE, CHEZ LASSAULX, IMPRIMEUR-LIBRAIRE N.° 562.

Il faut que l'indigent soit secouru, non seulement dans la faiblesse de l'enfance et dans les infirmités de la vieillesse, mais même lorsque dans l'âge de la force le défaut de travail l'expose à manquer de subsistance.

Deux administrations distinctes sont chargées de cette sollicitude ; les *Commissions administratives des hospices* et les *bureaux de bienfesance* ; — les unes procurent des secours à l'humanité souffrante dans l'intérieur des hospices ; les autres dans les domiciles respectifs des indigens.

TITRE I.

Commissions administratives des Hospices.

§. 1. But des hospices

Le but des hospices est d'y recevoir les malades civils, (et même les malades militaires à défaut d'un hôpital,) les vieillards infirmes, les insensés, les enfans des familles indigentes et les enfans trouvés et abandonnés.

§. 2. Conservation des hospices et de leurs fonds.

Les hospices civils sont conservés dans la jouissance de leurs biens et des rentes et redevances qui leur sont dues par le trésor public ou par des particuliers. (*Art. 5 de la loi du 16 Vendémiaire an 5.*)

La loi du 4 ventose an 9. affecte aux besoins des hospices.

1o. toutes les rentes appartenant à la république dont la reconnaissance et le payement se trouvent interrompus;

2.o tous les domaines nationaux détenus ou usurpés par des particuliers.

Cette loi se trouve en son entier à la suite de la présente instruction, ensemble les lettres et instructions ministérielles, ainsi que le réglement du Gouvernement à son égard.

Quant aux sommes qui restent dues par le trésor public aux hospices, le Gouvernement en a fixé le remboursement par son arrêté du 15 Brumaire an 9, inséré à la suite de la présente instruction. (Bulletin 52. N°. 384.)

3o. Un autre fond des hospices sont les legs et donations à leur profit; mais le droit de prononcer sur leur acceptation appartient au Gouvernement.

4°. Un supplément de fonds nécessaires pour les dépenses des hospices *offrent les octrois*; il en sera traité au §. ci-après.

§. 3. Réunion des hospices.

Sur la demande du Préfet, le Gouvernement proposera au corps législatif les réunions des hospices dans les lieux où il y en a plusieurs et lorsque l'utilité en sera reconnue.

(*Art.* 16 *de la loi de* 16 *Messidor an* 8.)

§. 4. Administration des biens et revenus des hospices.

Nomination des membres des commissions administratives.

Il y a une seule commission pour l'administration des hôpitaux dans chaque mairie; cette commission est composée de cinq citoyens résidant dans la mairie; le maire en est le Président, les quatre autres membres sont nommés par le Préfet sur une liste triple du Sous-Préfet; l'un des membres fait les fonctions de secrétaire.

Chaque commission nomme hors de son sein un receveur, lequel perçoit tous les revenus des hopitaux situés dans la mairie.

(*Loi du* 16 *Vendémiaire an* 5.)

(*Arrêté du* 23 *Brumaire an* 5.)

(*Instruction du Ministre de l'intérieur du* 25 *Floréal an* 9.)

§. 5. Durée de leurs fonctions.

Les membres des commissions administratives, sont renouvellés aux mêmes époques et dans la même proportion que les conseillers municipaux, et peuvent être continués indéfiniment.

(*Extrait de l'art.* 4 *de la loi du* 16 *Messidor an* 7.)

Le receveur et autres employés des hospices étant

à la nomination des commissions pourront être remplacés par elles.

(*Art.* 7 *ibidem.*)

§. 6. Destitution des membres des commissions. Toute destitution prononcée contre un ou plusieurs membres de ces commissions sera soumise à la confirmation du ministre de l'intérieur.

(*Art.* 5 *ibidem.*)

§. 7. Leur pouvoir. Les commissions sont exclusivement chargées de la gestion des biens, de l'administration intérieure, de l'admission et du renvoi des indigens.

Tous les actes et délibérations pris par les commissions seront de suite adressés au Sous-Préfet, exerçant la surveillance immédiate, pour être par lui approuvé s'il y a lieu.

Ceux relatifs à la partie du service journalier auront leur exécution provisoire. (Art. 6, 10 et 11 ibidem.)

(*Instructions du Ministre de l'intérieur des* 19 *Floréal et* 15 *Prairial an* 8.)

§. 8. Mode d'administration. Les commissions des hospices se conformeront aux intentions des fondateurs et aux règlemens d'ordre émanés des autorités ; les revenus des hôpitaux civils dans une même mairie seront indistinctement employés à la dépense de ces établissemens, de laquelle il sera néanmoins dressé des états distincts et séparés.

(*Arrêté du 23 Brumaire an 5.*)

Tout marché pour fourniture d'alimens ou autres objets nécessaires aux hospices civils, sera adjugé au rabais dans une séance publique de la commission, en présence de la majorité des membres, après affiches faites un mois avant la publication à peine de nullité; l'adjudicataire fournira le cautionnement qui sera déterminé dans le cahier des charges. Le marché n'aura son exécution qu'après avoir été approuvé par le Sous-Préfet.

(*Art.* 8 *de la loi du* 16 *Messidor an* 7.)

§. 9. Administration des biens fonds.

A. *Affermage des biens.*

Les biens fonds des hospices seront affermés de la manière prescrite par les loix.

(*Article 5 ibidem.*)

Les baux seront annoncés un mois d'avance par des publications, de dimanche en dimanche, à la porte des églises paroissiales de la situation, et de celles des principales églises les plus voisines et par des affiches, de quinzaine en quinzaine, aux lieux accoutumés; l'adjudication sera indiquée à un jour de marché, avec le lieu et l'heure où elle se fera. Il y sera procédé publiquement pardevant la commission administrative en séance publique, à la chaleur des enchères.

(*Art.* 13 *tit.* II. *de la loi du* 5 *Nobembre* 1790.)

Les établissemens publics ne pourront faire des baux pour une durée excédant neuf années, à peine de nullité.

Les baux autorisés ne pourront, à peine de nullité, être passés qu'en présence du Sous-Préfet, dans les lieux où se trouvent fixés lesdits établissemens, ou du Maire dans les lieux où il n'y aura pas de Sous-Préfet. Les formalités préscrites par l'art. 13 tit. 2. de la loi du 5 Novembre 1790, seront observées pour la passation desdits baux, aussi à peine de nullité.

(*Loi du* 11 *Février* 1791.)

B. *Des maisons.*

Les maisons, non affectées à l'exploitation des biens ruraux, pourront être affermées par baux à longues années ou à vie, et aux enchères en séance publique aprés affiches ; ces baux n'auront d'exécution qu'après l'approbation du Sous-Préfet, confirmée par le Préfet.

(*Art.* 15 *de la loi du* 16 *Messidsr an* 8.)

C. *Baux emphitéotiques à longues années.*

Aucun bien rural appartenant aux hospices ne pourra être concédé à bail à longues annés, qu'en vertu d'arrêté spécial des Consuls.

Pour obtenir des autorisations de ce genre, il est nécessaire de produire les pièces suivantes :

SAVOIR:

1°, La délibération de la commission des hospices

portant que la concession à longues années est utile ou nécessaire.

2°, Une information de comodo et incommodo, faite dans les formes accoutumées, en vertu d'ordre du Sous-Préfet.

3°.) L'avis du Conseil municipal du lieu où est situé l'établissement d'humanité, dont dépendent les biens des hospices.

4°.) L'avis du Sous-Préfet de l'arrondissement; et

5.°) L'avis du Préfet du département.

Ces pièces seront adressées par le Préfet du département au Ministre de l'Intérieur, qui en fera son rapport aux Consuls, qui, le conseil d'état entendu, accorderont l'autorisation, s'il y a lieu.

(*Arrêté des Consuls du 7 Germinal an 9.*)

D. Résiliation ou modération du prix des baux.

La résiliation ou la modération du prix des baux des biens des pauvres et des hospices, consenties par les commissions administratives des hospices ou par les bureaux de bienfaisance, n'auront leur effet qu'en remplissant les formalités prescrites sur les baux à longues années.

(*Arrêté du Gsuvernement du 14 Ventvse an 11.*)

§. 10. Vente, échange, ou acquisition.

Il est de principe que les hospices civils et autres établissemens de cette nature ne peuvent vendre, échanger ni acquerir des biens immeubles sans une loi spéciale sur la proposition qu'en fera le Gouvernement sur le vu des pièces mentionnées au §. précédent lit. C.

Loi du 2. Novembre 1789. — 14 Octobre 1790.
Arrêté du directoire exécutif du 3 Vendémiaire an 7.

§. 11. Remboursement des créances exigibles et des rentes foncières ou constituées.

Les commissions administratives pourront recevoir les capitaux à elles dues, et le rachat de leurs rentes, à la charge d'obtenir préalablement une autorisation du Préfet sur l'avis du Sous-Préfet ; à l'effet de quoi elles adresseront leurs demandes avec les pièces instructives au Sous-Préfet pour vérifier les motifs et donner son avis. Jusqu'à l'autorisation du Préfet les débiteurs ne pourront se libérer ou se racheter.

(*Loi du 5 novembre 1790. tit* IV. *art.* VII.)

§. 12. Rachat des rentes.

Si le débiteur d'une rente veut l'amortir, il en a la faculté, en payant vingt années du montant de la rente. L'offre sera constaté par une délibération de la commission à rendre exécutoire par le Préfet, le Sous-Préfet entendu.

Loi du 17 Floréal an 11.

§. 13. Emploi des capitaux.

Quand la somme que la commission administrative de l'hospice aura à sa disposition, provenant de remboursement de rentes et capitaux, aliénation ou soultes d'échange des biens immeubles, pourra suffire à acquerir cinquante francs de rentes sur l'état, cette acquisition sera faite sous la surveillance du Préfet.

Si elle n'est pas suffisante pour acheter cinquante francs de rentes, le Prefet en reglera l'emploi, soit en autorisant l'établissement à la prêter avec stipulation d'intérêt, soit d'une autre manière convenable.

Loi du 12. Novembre 1789.

Arrêté du directoire exécutif du 23 Vend. an 7.

Arrêté du Gouvernement du 15 Brumaire an 9.

Loi du 17 Floréal an XI.

§. 14. Contentieux des commissions administratives des hospices civils.

Il y a dans chaque arrondissement communal pour le contentieux de l'administration des pauvres et des hospices un comité consultatif composé de trois membres choisis parmi les jurisconsultes les plus éclairés de l'arrondissement (par le Sous-Préfet.)

(*Arrêté des Consuls du 7 Messidor an* IX.)

Les autorisations à plaider seront données par le conseil de préfecture sur l'avis motivé du comité consultatif.

L'autorisation à plaider, *en demandant*, une fois obtenue par les commissions administratives, les administrateurs agissant pour l'hospice, ne sont point obligés de citer préalablement leur partie adverse en conciliation. Les biens des hospices, par leur affectation au service public, sont considérés comme biens nationaux, et l'administration qui en a le régime, fait partie de l'administration générale, dont les agens sont dispensés de la formalité de la conciliation.

(*Lettre du Ministre de la Justice au Commissaire du Gouvernement près le tribunal d'appel de Rennes en date du* 11 *Pluviôse an* X.)

(*Art.* 18 *de la loi du* 27 *Mars* 1791.)

Quant aux poursuites, que les créanciers des établissements d'humanité pourront exercer, les Préfets doivent révendiquer les contestations, comme appartenans a l'autorité administrative ; elles seront décidées par les Préfets en Conseil de préfecture sur l'avis motivé des comités consultatifs, sauf, en cas de réclamation, le recours au Gouvernement.

Loi du 28 *Pluviôse an* 8. (*contentieux des domaines.*)
Instruction du Ministre de l'intérieur du 2 *Prairial an* 8.
Arrêté du Gouvernement du 10 *Thermidos an* 11.

§. 15. Comptabilité.

Le receveur présentera tous les mois à la commission, dans les cinq premiers jours du mois pour le mois antérieur, un état de mouvement et un état de ses recettes et dépenses.

Ces états seront pas les commissions envoyés en triple au Sous-préfet pour être visés et l'un des exemplaires remis en suite au receveur ; le troisième sera par le Sous-préfet transmis au Préfet.

Le compte général et détaillé des recettes et dépenses des hospices et autres établisssemens sera rendu au Préfet dans le mois de Vendémiaire pour l'année écoulée. Le Préfet l'arrêtera définitivement, après avoir pris l'avis du Sous-Préfet, et adressera un double de l'apurément au Ministre de l'intérieur.

(*Loi du* 11. *Frimaire an* 8.)

Les régistres des receveurs des établissemens publics sont assujettis au droit du timbre établi à raison de la dimension.

(*Loi du* 13 *Brumaire an* 7.)

Les régistres seront cotés et paraphés par les Sous-Prefets.

Les comptes des receveurs seront divisés en quatre parties distinctes.

La 1re comprendra toutes les recettes.

La 2e . . . . . . toutes les dépenses.

La 3e . . . . . . toutes les reprises de recette.

et la 4e . . . . . . toutes les reprises de dépenses.

Les receveurs, commissions administratives, et Sous-Préfets se conformeront chacun en ce qui le concerne, à l'instruction sur le mode de comptabilité prescrit par l'arrêté du Commissaire général du Gouvernement du 2. Brumaire an 9.

§. 16 Pénalités contre les receveurs en retard.

Les receveurs des hospices, qui ne rendraient pas compte dans les délais fixés, seront dénoncés par le Préfet au Commissaire du Gouvernement près le tribunal de 1re instance, pour être condamnés à payer entre les mains du receveur du département par forme de consignation, le 5ème du montant présumé de leur recette. La consignation aura lieu sans préjudice des autres poursuites, qui seraient nécessaires pour contraindre les receveurs en retard.

(Loi du 11 Frimaire an 7. Tit. 6.)

Arrêté du Commissaire général du 2 Brumaire an 9.

§. 17. Cautionnement des receveurs

Les receveurs des hospices doivent fournir un cautionnement en numéraire, à consigner, ainsi qu'il est dit ci-après au §. 22 une somme égale au 20ème des recettes présumées qui leur sont confiées.

§. 18. Traitement des receveurs des hospices.

Il sera alloué aux receveurs des hospices une remise sur les produits de leur recette, qui ne pourra en aucun cas excéder quatre centimes par franc. Cette remise sera proposée par la commission administrative et règlée par le préfet sur l'avis du Sous-préfet.

§. 19. Receveur des hospices du chef-lieu de préfecture.

Conformément à l'arrêté des Consuls du 3. Floréal an 8, le prix des baux des aux minérales sera versé, à titre de dépôt, dans la caisse des hospices du Chef-lieu de préfecture.

Un autre arrêté du 6 Nivôse an 11 porte que le produit des eaux thermales et minérales, soit qu'elles soient propriété communale, ou nationale, sera versé dans la caisse du receveur des hospices du chef-lieu de préfecture, et que ce qui excédera les dépenses de régie et d'entretien des dits eaux, sera employé au profit des pauvres, de la manière prescrite par le dit arrêté annexé à la présente instruction.

(Circulaires du Ministre de l'intérieur des 18 Brumaire et 29 Prairial an XI.)

§. 20. Ressources et dépenses annuelles des hospices.

On peut réduire les ressources annuelles des hospices en treize Chapitres,

SAVOIR:

1.) Revenus patrimoniaux d'après les baux existans.

2. Rentes sur l'état.

3.) Rentes sur des particuliers.

4.) *A*. Revenus des Biens usurpés, et dont les hospices, qui les ont découverts, se trouvent en jouissance en exécution de la loi du 21. Ventôse.

B. Rentes interrompues et découvertes.

5. Accroissement des revenus par l'acceptation de legs et donations.

6.) Coupes réglées.

7. Pensions payées aux hospices.

8.) Produit du travail.

9.) Ressources affectées sur l'octroi de bienfesance.

10.) Ressources sur les monts de Piéte §. 21.

11.) Ressources casuelles.

12.) Poids publics.

13.) Eaux thermales et minérales.

De la même manière les charges et dépenses annuelles des hospices se réduisent à huit chapitres.

SAVOIR:

1.) Contributions.

2.) Entretien et réparations des propriétés.

3) Entretien et réparations des lieux hospitaliers.

4.) Rentes et pensions par les hospices.

5.) Appointemens et gages.

6.) Dépenses de consommation.

7.) Frais de bureau et d'administration.

8) Dépenses du culte.

§. 21. Monts-de-Piété.

Origine.

Les monts de piété ont pour objets de paraliser, en procurant des fonds au public à un taux modéré, les progrès de l'usure. L'interruption de leur service à fait n'aître une infinité de maisons particulières de prêt sur nantissement, qui dérobent facilement leurs opérations à la surveillance de l'administration et causent aujourd'hui de grands désordres qu'il importe d'arrêter.

§. 22. Fonds des Monts-de-Piété.

Un établissement de cette nature doit avoir constamment à sa disposition un fond de caisse qui ne le constitue que dans de faibles dépenses et dont il ne puisse être privé dans aucune circonstance.

1.°) En général les Monts de Piété ne pouvant être considérés que sous le rapport d'établissemens de bienfesance, et comme faisant partie des ressources des hôpitaux, rien n'est plus convenable que d'exgiger, en premier lieu, un cautionnement des receveurs des hôpitaux et des bureaux de bienfesance, à verser dans la caisse du Mont-de-Piété à établir au chef-lieu.

2o.) On est accoutumé d'exiger des fermiers et locataires lors du renouvellement des baux des biens appartenants aux hospices et établissemens de bienfesance le payement de six mois d'avance ; le montant de cette avance serait versé dans la même caisse ; les fermiers en feront rétenue, à raison d'une somme déterminée, sur chacune des années de bail, et les hospices ou établissemens de bienfesance profiteront chaque année de l'intérêt du versement, au taux stipulé par les loix relatives aux cautionnemens, c'est à dire à raison de 5. pour 100.

3.°) Pour sûreté et garantie de l'exécution des marchés et adjudications de fournitures nécessaires au service des hospices, au lieu de demander des cautions ou des cautionnemens en immeubles, l'entrepreneur pourra être obligé à se rendre actionnaire du Mont-de-Piété du département.

4.°) Les receveurs des octrois de bienfesance, des revenus communaux, des maisons d'instruction publique devront se rendre actionnaires, à titre de cautionnement, d'une somme égale au 20.e des recettes présumées qui leur sont confiées.

5.°) Les capitaux mentionnés au 2.me alinea du §. 13, c'est à dire, ceux qui ne suffisent pas pour une acquisition de 50 francs de rentes sur l'état.

§. 23. Administration du Mont-de-Piété.

L'administration du Mont-de-Piété à établir dans le chef lieu du département, sauf au Préfet d'en éta-

plusieurs dans differens lieux, sera reunie à celle de l'hospice du chef lieu. --- Le Préfet rendra compte au Ministre de l'intérieur du progrès de cette institution rétablie dans l'esprit de l'edit de 1749, sur le mode d'emploi des capitaux appartenant aux établissemens de main-morte. --- Il reste libre aux autres actionnaires de cet établissement, qui voudront par des prêts modérés concourir à soustraire leurs concitoyens aux spéculations desastreuses des préteurs sur gages, d'adjoindre à la commission des hospices jusqu'à la concurrence de trois de leurs membres; le Préfet fera à cét effet et pour provoquer de pareils actes de patriotisme, de bienfesance et de désintéressement un appel à la bienfesance des habitans et des fonctionnaires publics.

§. 24. Octrois *But.*

Le voeu des lois relatives à l'établissement des octrois est que les produits en soient, par préference, affectés aux dépenses des hospices et des établissemens de secours à domicile.

§. 25. Portions assignées aux hospices et établissemens de bienfesance.

Le Préfet fixera d'une manière positive, sauf la ratification du Ministre de l'Intérieur, la portion que les hospices et établissemens de bienfesance doivent recevoir sur ces produits. Les parts et portions allouées et ainsi formellement déterminées seront versées dans leurs caisses par douzième de mois en mois.

(Circulaire du Ministre de l'intérieur du 18 Messidor an 9.)

Il y a deux classes d'enfans qui ont droit à notre sollicitude particulière, SAVOIR : les enfans trouvés et les enfans abandonnés.

§. 26. Enfans abandonnés et enfans trouvés.

Sous le titre d'enfans trouvés on ne doit comprendre que des enfans illégitimes, ou nés de parens inconnus qui les ont exposés.

§. 27. Enfans trouvés.

Sous la qualification d'enfans abandonnés on doit entendre les enfans, qui, appartenant à des parens connus, se trouvent, soit à raison de la mort de leurs père et mère, soit à raison de leur absence ou de leur rétraite dans des lieux ignorés, soit à raison de leur détention pour faits criminels ou de police correctionnelle, abandonnés à la commisération publique.

§. 28. Enfans abandonnés.

Ces derniers sont à la vérité, assimilés à ceux qu'on a toujours appellé enfans trouvés ; mais il n'est pas moins nécessaire, que les commissions administratives se pénètrent de la difference établie, pour les comprendres sur des états distincts et séparés, afin que le nombre des enfans illégitimes ou nés de parens inconnus, puisse être apprécié avec exactitude.

Les états seront nominatifs ; ils seront adressés au Préfet dans la dernière quinzaine du dernier mois de chaque trimestre ; le Préfet en adressera un relevé à la fin de chaque trimestre au Ministre de l'intérieur.

(*Lettre du Ministre de l'intérieur du 20 Brumaire an 11*)

(*Circulaire du Préfet du 4 Fructidor an 11. à laquelle étaient joints des modèles d'états à fournir par les commissions administratives*)

Les enfans trouvés et les enfans abandonnés seront remis aux commissions administratives des hospices ; mais ils ne seront point conservés dans les hospices, où ils auront été déposés, excepté le cas de maladie ou accidens graves qui en empêchent le transport ; ce premier asyle ne devant être considéré que comme un dépôt, en attendant que ces enfans puissent être placés, suivant leur âge chez les nourrices ou mis en pension chez des particuliers.

(*Loi du 27 Frimaire an* V.)

(*Arrêté du directoire exécutif du 3 Ventôse an* V.)

§. 29. Dépenses des mois et nourrices des enfans trouvés.

Les commissions administratives des hospices civils sont spécialement chargées de placer les enfans trouvés chez des nourrices et de pourvoir en attendant à tous leurs besoins sous la surveillance des autorités dont elles dépendent.

Le trésor public fournit à la dépense de ceux qui seront portés dans des hospices, qui n'ont pas de fonds affectés à cet objet.

Le terme où la dépense de nourrice doit cesser, est fixé jusqu'à l'âge de douze ans révolus.

Les localités admettant des differences dans la rétribution annuelle, qu'il convient d'accorder aux nourrices, les commissions administratives proposeront au Préfet une fixation du prix des mois de nourrice pour le premier âge, du prix de la pension pour les seconde et troisième années, ainsi que pour les années subséquentes jusqu'à l'âge de sept ans, et finalement de celle depuis sept jusqu'à douze ans; les prix devront être gradués sur les secours que les enfans peuvent rendre dans les différens âges de leur vie; cette fixation sera arrêtée par le Préfet sous l'approbation du Ministre de l'Intérieur, mais en attendant, la fixation du Préfet sera provisoirement exécutée.

Le prix des layettes sera fixé sur l'avis des commissions administratives des hospices par les Sous-Préfets.

§. 50. Obligations et gratifications des nourrices.

Les nourrices seront tenues de représenter tous les trois mois les enfans, qui leur ont été confiés, au maire ou adjoint de leur commune, qui certifiera que ces enfans ont été traités avec humanité.

Les nourrices qui représenteront les certificats mentionnés, recevront outre le prix des mois de nourrice, pendant les neuf premiers années de la vie des enfans, une imdemnité payable par tiers de trois mois en trois mois.

Celles qui auront conservé des enfans jusqu'à l'age de douze ans et qui les auront auront préservés, jusqu'à cet âge, d'accident prouvenant de défaut de soins, recevront à cette époque une autre indemnité de 50 francs, sur un certificat du maire ainsi qu'il est dit, et un attestat d'un médecin, ou tout autre renseignement favorable qui sera parvenu au Préfet.

Les nourrices en gardant les enfans jusqu'à l'âge de 12 ans révolus, à la charge par elles de les nourrir et entretenir convenablement, sont tenues de les envoyer aux écoles primaires pour y participer aux instructions données aux autres enfans de la commune ou du canton.

§. 31. Payement des mois de nourrice.

Les commissions des hospices civils pourvoiront pour les enfans confiés à des nourrices, au payement des prix déterminés, sur le produit de ceux des revenus, appartenans aux établissemens dans lesquels ces enfans auront été primitivement conduits, qui sont spécialement affectés à la dépense des enfans trouvés.

Dans le cas où ces établissemens ne se trouveraient pas suffisamment dotés ou ne jouiraient d'aucuns revenus affectés à ces dépences, les fonds nécessaires seront avancés par la caisse d'un autre hospice *le plus en état*, sur l'ordonnance du Préfet; ces avances seront remboursées sur les fonds mis à la disposition du Préfet par le Ministre de l'Intérieur conformément à la loi du 27 Frimaire an 7.

Il sera pourvu de la même manière au payement des prix des layettes et des gratifications accordées

Les enfans abandonnés seront mis par les commissions administratives en pension chez des particuliers.

§. 32. Dépense des pensions des enfans abandonnés.

(*Arrêté du directoire exécutif du 30 Ventose an V.*)

La loi du 19 Août 1793. accorde des indemnités aux habitans chargés des enfans délaissés par leurs parens.

Cette indemnité ne peut excéder la somme de 80 francs par année pour chaque enfant au dessous de l'âge de 10 ans, elle doit être diminuée d'un tiers pour les années suivantes jusqu'à l'âge de douze ans accomplis, époque à la quelle cessera toute indemnité.

Le Préfet fixe cette indemnité d'après les règles établies, en arrête les états et les adresse au Ministre de l'Intérieur, pour par celui-ci être vérifiés, signés et les sommes dues arrêtées.

Ces sommes sont prises sur les fonds mis à la disposition du Ministre de l'Intérieur pour fournir aux dépenses des enfans trouvés.

Cette dépense est provisoirement payée comme celle des enfans trouvés et remboursée de la même manière.

Si les nourrices ou autres personnes chargées des enfans trouvés et abandonnés refusent de continuer à les élever jusqu'à l'âge de donze ans, les commissions des hospices civils, qui leurs ont confié ces enfans, seront tenues de les placer ailleurs conformément aux dispositions précédentes.

§. 33. Dispositions communes aux enfans trouvés et abandonnés, depuis l'âge de 12 ans revolus.

Les enfans trouvés et abandonnés sont jusqu'à leur majorité ou émancipation sous la tutèle du Maire, dans l'arrondissement duquel est l'hospice, où ils auront été portés ; les membres du conseil municipal sont les conseils de la tutelle.

(*Loi du 27 Frimaire an V.*)

Le travail est la morale pratique du peuple. --- Il suit de ce principe que dès le premier âge il faut faire contracter l'habitude et l'amour du travail à l'enfant ; ainsi toute l'éducation que surveillent les commissions des hospices et la tutelle établie pour les enfans, doit avoir pour but de leur apprendre un métier. --- C'est ainsi que ces établissemens peuvent s'acquitter envers ces enfans et envers la société, en les mettant dans le cas de pourvoir à leurs besoins par l'exercice d'une profession.

Les enfans âgés de douze ans révolus seront placés chez des cultivateurs, artistes ou manufacturiers, où ils resteront jusqu'à leur majorité sous la surveillance de leur tutelle, pour y apprendre un metier ou profession conforme à leur gout et à leurs facultés ; les transactions particulières seront par les Maires soumises à l'approbation du Préfet sur l'avis du Sous-Préfet.

Les nourrices et autres habitans qui auront élevé jusqu'à douze ans les enfans, à eux confiés, pourront les conserver préférablement à tout autre, en se chargeant néanmoins de leur faire apprendre un metier ou de les appliquer aux travaux de l'agriculture.

Les cultivateurs ou manufacturiers chez lesquels seront placés des enfans ayant atteint l'âge de douze ans, ou ceux qui les ayant élevés jusqu'à cet âge, les conserveront aux conditions susdites, recevront une somme de cinquante francs une fois payée, pour être employée à procurer à ces enfans les vêtemens qui leur seront nécessaires, payables de la même manière, comme les dépenses précédentes.

Pour guider les commissions administratives et les Maires dans les stipulations des traités à passer avec les manufacturiers et propriétaires des ateliers et fabriques, on suivra exactement les clauses et conditions portées dans l'arrêté du Ministre de l'intérieur du 3 pluviose an 9, auxquelles les Préfets sont autorisés à placer dans les divers ateliers et fabriques de leur arrondissement les enfans trouvés et abandonnés qui ont l'âge et les forces nécessaires pour entrer en apprentisage.

Arrêté du Ministre de l'Intérieur, du 3 Pluviose an 9,

Qui autorise les Préfets des départemens à mettre en apprentissage les enfans abandonnés qui auront l'âge et les forces nécessaires.

Le Ministre de l'intérieur arrête :

ART. 1.er Les Préfets de département sont autorisés à placer dans les divers ateliers et fabriques de leurs arrondissemens, tous les enfans abandonnés qui ont l'âge et les forces nécessaires pour entrer en apprentissage.

II La remise desdits enfans abandonnés aura lieu d'après un traité que les Préfets feront avec les compagnies, ou les propriétaires desdits ateliers.

III. Ce traité fixera, 1.° le nombre des enfans abandonnés qui devront être remis; 2.° l'âge jusqu'auquel lesdits enfans resteront dans lesdits établissemens; 3.° les règlemens nécessaires pour le maintien des bonnes mœurs, pour la police et la discipline intérieures; 4.° les clauses et conditions sous lesquelles lesdites compagnies et propriétaires de manufactures s'obligeront de loger, nourrir et entretenir lesdits enfans abandonnés, et de les perfectionner dans l'art de la lecture et l'écriture; 5.° le genre, l'ordre et la gradualité du travail, qui doivent être tels, qu'à l'âge qui sera fixé d'après la différence des sexes lesdits enfans abandonnés soient assurés de trouver des moyens d'existance dans les moyens d'industrie que l'instruction et la pratique leur auront donnés.

IV. Au moment de l'entrée desdits enfans abandonnées dans les ateliers ou manufactures, les compagnies propriétaires d'ateliers fourniront aux administrateurs des hospices, une reconnaissance qui énoncera la mention faite sur un registre, de la date de la remise desdits enfans, de leurs noms, prénoms, âge et sexe.

Ledit registre, sur papier timbré, sera visé, coté et paraphé à chaque page par le maire ou un adjoint.

V. En cas de mort ou d'évasion d'aucun desdits enfans abandonnés, sur-le-champ, et à la réquisition desdites compagnies et propriétaires, il en sera dressé procès-verbal par le maire ou les adjoints de la commune. L'extrait en forme dudit procès-verbal sera remis aux administrateurs de l'hospice duquel lesdits enfans abandonnés auront été extraits.

Ledit procès-verbal, constatant la mort ou l'évasion, sera mentionné sur le registre de l'administration de l'hospice, et sur celui desdites compagnies ou desdits propriétaires de manufactures.

VI. Les enfans mis à la disposition de particuliers, ne cesseront pas d'être sous la surveillance de l'autorité civile, qui s'assurera 1) si les conditions du traité sont observées: 2) si le travail n'est pas forcé ou disproportionné à l'âge; 3) si la nourriture est saine et suffisante; 4) si les mœurs sont respectées; 5) si l'instruction est convenable, etc.

VII. Tous les traités convenus entre les préfets et les manufacturiers et propriétaires, ne pourront être mis à exécution qu'après avoir reçu l'approbation du Ministre de l'intérieur.

Le Ministre de l'intérieur,

Signé: CHAPTAL.

Les enfans placés ne pourront jamais être ramenés dans les hospices civils à moins qu'ils ne soient estropiés ou attaqués de maladies particulières qui les excluent de la société ou rendent inhabiles à se livres à des travaux qui exigent de la force ou de l'adresse.

Les enfans qui par leur inconduite ou la manifestation de quelques inclinations vicieuses seroient réconduits dans les hospices, ne pourront être confondus avec ceux qui y auront été déposés comme orphelins appartenants à des familles indigentes ; ils seront au contraire placés seuls dans un local particulier et les commissions prendront des mesures convenables pour les ramener à leur devoir, en attendant qu'elles puissent les rendre à leurs maîtres ou les placer ailleurs.

Les commissions des hospices, conjointement avec les maires et conseillers municipaux, aux quels est confié la tutêle de ces enfans, surveilleront l'éducation morale des enfans placés dans des atteliers et fabriques ou chez des cultivateurs ; il en sera rendu compte au sous-préfet par trimestre, qui en rendra lui même compte au préfet à la fin de chaque semestre.

TITRE II.

Bureaux de bienfesance.

Il y a par arrondissement de justice de paix un bureau de bienfesance, composé de cinq membres, les maires, juges de paix et curés de canton sont les membres nés de ces institutions; le maire du chef lieu du canton en est le président. §. 34.

Ces bureaux sont sous la surveillance immédiate du Sous-Préfet; leurs fonctions sont de diriger les travaux qui leur sont prescrits par les Sous-Préfets et de faire la répartition des secours à domicile.

Tout ce qui fait partie des fondations affectées à des services de bienfesance et de charité, à quelque titre et sous quelque dénomination que ce soit, doit être exclusivement régi par les commissions de bienfesance.

Le défaut dans une mairie d'une dotation ou de fondations affectées aux secours à domiciles n'est point un empêchement d'y établir le bureau de bienfésance, qui peut souvent et casuellement avoir des secours à distribuer, fournis par la bienfesance individuelle.

Les membres de ces bureaux n'ont aucune rétribution et ne touchent personnellement aucun fond; ils nomment hors de leur sein un receveur chargé des recettes.

Les secours à domicile seront donnés en nature, autant qu'il sera possible.

Le bureau rendra compte tous les mois du produit de sa recette au Sous-Préfet ; le compte définitif des recettes et dépenses sera rendu au Préfet à la fin de l'année, ainsi qu'il est dit au titre I. pour les comptes des hospices.

§. 35. Revenus des bureaux de bienfesance.

1°.) Toutes les fondations ayant pour objet des secours à domicile font partie de l'administration des bureaux de bienfesance.

2°.) Un arrêté du Gouvernement du 10 Thermidor an XI. proroge pour l'an XII, les droits à percevoir sur les spectacles, bals, concerts x. x.

Ce droit est d'un décime par franc en sus du prix de chaque billet d'entrée, conformément à la loi du 7 Frimaire an 5.

On trouvera annexé à la présente instruction l'arrêté du Gouvernement cité, ainsi qu'extrait des instructions du Ministre de l'intérieur en date du 26 Fructidor an 10 sur la perception des droits des pauvres sur les spectacles, bals et fêtes publiques.

3°.) Les commissions, pouvant provoquer chaque année des collectes, pourront facilement à l'époque des moissons et des recoltes recueillir des secours abondans en nature, dont elles feront ensuite et dans les saisons, où les travaux sont suspendus, des distributions aux pauvres habitans de leur arrondissement respectif.

4.°) Le Gouvernement a ordonné l'établissement des troncs; le Préfet a transmis l'arrêté du Ministre de l'intérieur à cet égard aux commissions administratives des hospices et des bureaux de bienfesance. On le trouvera également ci-après ensemble la lettre circulaire du Préfet.

5.°) Les Consuls par arrêté du 9 Fructidor an 9. ont déclaré les dispositions de la loi du 4 Ventôse an 9, qui affectent aux hospices les rentes appartenant à la république, dont le payement se trouve interrompu, et les domaines nationaux usurpés par des particuliers, communes aux bureaux de bienfesance.

§. 36. Administration.

Les dispositions de régie et d'administration détaillées au tit. I. sont communes aux commissions administratives des bureaux de bienfesance; les commissions ont absolument les mêmes obligations comme celles des hospices, quant à leur rapport avec le Sous-Préfet, et le Préfet.

§. 37. Comptabilité.

Elle sera établie de la même manière comme celle des hospices, le receveur a en tout les mêmes obligations et charges, comme le receveur des hospices.

§. 38. Personnes susceptibles de secours à domicile.

Les pauvres susceptibles de secours à domicile sont les malades, femmes en couche, enfans au dessous de douze ans, vieillards et infirmes hors d'état de travailler, et les pauvres valides susceptibles de secours accidentels.

§. 39. Ressources, charges et dépenses annuelles des bureaux de bienfesance.

Les ressources et les dépenses des bureaux de bienfesance se divisent en autant de chapitres comme il est dit au tit. 1er. pour les hospices ; elles sont de la même nature, savoir, quant aux ressources :

1.) Revenus patrimoniaux d'après les baux existans.

2) Rentes sur l'état.

3.) Rentes sur particuliers.

4) Revenus des biens usurpés et dont le bureau de bienfesance qui les a découverts se trouve en jouissance, en exécution de la loi du 4 Ventôse.

5.) Rentes interrompues et découvertes.

6.) Accroissement de revenus par l'acceptation de legs et donations.

7.) Produit du droit sur les spectacles, bals et fêtes publiques.

8) Coupes reglées.

9.) Ressources affectées sur l'octroi de bienfesance.

10.) Ressources casuelles.

11.) Poids publics.

Quant aux charges et dépenses annuelles.

1.) Contributions.

2.) Entretien et réparations des propriétés.

3.) Dépenses de secours, tant en argent qu'en nature, médicamens, et travaux.

4.) Appointemens et gages.

5.) Fraix de bureau et d'administration.

N.° 550.) *Loi qui affecte des rentes et des domaines nationaux aux besoins des hospices.*

Du 4 Ventôse an 9 de la République.

Au nom du peuple français, Bonaparte, premier Consul, proclame loi de la République le Décret suivant, rendu par le Corps Législatif le 4 Ventôse an 9, conformément à la proposition faite par le Gouvernement le 21 Pluviôse, communiquée au tribunat le 23 du même mois.

Décret.

Art. 1. Toutes rentes appartenant à la République, dont la reconnoissance et le payement se trouveraient interrompus, et tous domaines nationaux qui auraient été usurpés par des particuliers, sont affectés aux besoins des hospices les plus voisins de leur situation.

Art. 2. Les administrations des hospices recevront les avis que leur en donneront les Préfets, Sous-Préfets, Maires, Notaires, et autres fonctionnaires et citoyens qui auront connaisance de rentes et domaines de cette espèce; et à leur première requête, les commissaires du Gouvernement près les tribunaux seront tenus d'en poursuivre la restitution au profit desdits hospices.

Collationné à l'original, par nous président et secrétaires du Corps législatif. A Paris, le 4 Ventôse an 9 de la République française. Signé *J. B. Leclere*, président; *Bollet*, *Massa*, *Devinck Thierry*, *Rouvelet*, secrétaires.

Soit la présente loi revêtue du sceau de l'état, insérée au bulletin des lois, inscrite dans les registres des autorités judiciaires et administratives, et le Ministre de la justice chargé d'en surveiller la publication.

A Paris, le 14 Ventôse, an 9 de la République.

Signé BONAPARTE, *premier Consul. Contre signé, le secrétaire d'état,* HUGUES B. MARET, *et scellé du sceau de l'état.*

Vû, le Ministre de la justice, signé ABRIAL.

(N.° 712.) *Arrêté relatif aux rentes et domaines nationaux affectés aux hospices.*

Du 7 Messidor.

LES CONSULS DE LA RÉPUBLIQUE, sur le rapport du Ministre de l'intérieur; vu la loi du 4 Ventôse an 9; le Conseil d'état entendu,

Arrêtent ce qui suit:

§. I.

Des rentes affectées aux hospices.

Art. 1. Les commissions administratives des hôpitaux auront droit aux arrérages comme au principal des rentes qui leur sont affectées par la loi du 4 Ventôse dernier.

II. Seront réputées rentes affectées aux hospices, les rentes et prestations dues par les détenteurs des biens nationaux à titre de bail emphytéotique, ou qui dépendaient des anciens domaines engagés, ou faisaient partie des anciens apanages et des biens soumis à la confiscation, sous quelque dénomination qu'elles soient connues, s'ils n'ont pas rempli les obligations qui leur ont été imposées par les articles 29 et 39 de la loi du 1 Décembre 1790, et qu'elles soient d'ailleurs dans le cas prévu par la loi.

III. Il en sera de même, 1.) des rentes en argent ou en nature dues pour fondation à des cures, paroisses, fabriques, corps et corporations, et déclarées nationales par les lois des 18 Février et 16 Octobre 1791, et par celle du 13 Brumaire an 2, dans les cas prévus par la loi du 4 Ventôse;

2.) Des rentes foncières représentatives d'une concession de fonds, et sous quelque dénomination qu'elles se présentent; et en cas de rachat desdites rentes, les commissions administratives se conformeront aux dispositions de la loi du 29 Décembre 1790, dans les cas prévus par la loi du 4 Ventôse.

§. II.

Des domaines nationaux affectés aux hospices.

IV. Les commissions administratives des hôpitaux qui pourront découvrir les biens ecclésiastiques possédés autrement qu'en vertu de décrets de l'Assemblée nationale, depuis la publication de la loi du 2 Novembre 1789, auront droit de les réclamer en exécution de la loi du 4 Ventôse dernier.

V. Elles poursuivront de même en restitution ceux auxquels il a été fait des abandons de bien-fonds à condition d'acquitter la portion congrue ou d'autres charges relatives au service divin, en tous ou en partie, ou de payer quelques redevances ou réfusions, s'ils n'ont pas fait le versement ou l'option prescrits par l'art 11 du titre 5 de la loi du 5 Novembre 1790.

VI. Seront de même poursuivis, au profit des hospices, les fermiers, locataires, concessionaires et autres jouissant à quelque titre que ce soit, s'ils n'ont pas déclaré, conformément à l'article 37 des décrets des 6 et 11 Août 1790, comment et en vertu de quoi ils jouissent, et s'ils n'ont pas représenté et fait parapher leurs titres.

VII. Seront pareillement poursuivis,

1.) Les détenteurs de biens à titre de baux emphytéotiques ou à longues années, qui ne seraient pas revêtus des formalités prescrites par la loi du 27 Avril 1791;

2) Tous dépositaires, comptables et débiteurs envers les émigrés et autres auxquels la République a succédé, qui se seront soustraits aux recherches de la régie, et à l'exécution des articles 11 et suivans de la loi du 25 Juillet 1793, ainsi qu'à celles des 26 Frimaire an 2, 26 Floréal et 21 Prairial de l'an 3.

VIII. Les commissions administratives des hôpitaux prendront connaissance des maisons et autres propriétés nationales possédées à titre d'usufruit par des titulaires de bénéfices, en vertu de titres, usages ou autres droits quelconques; et, dans le cas où les usufruits en seraient éteints, et que les héritiers ou représentans des titulaires auraient éludé d'en faire la déclaration et remise à l'administration des domaines, les propriétés dont il est question seront, comme celles énoncées aux articles qui précèdent, soumises à l'effet de la loi du 4 Ventôse: le tout ainsi qu'il est prescrit par les articles 26, 27, 28 et 29 du décret du 24 Juillet 1790.

Quant aux usufruits qui s'éteindront par la suite, dans le cas où ils seraient soustraits aux recherches et à la connaissance de la régie, les commissions administratives qui parviendront à les découvrir, seront subrogées aux droits de la République.

IX. Conformément à l'article 2 de la loi du 4 Ventôse, les Préfets, Sous-Préfets, Maires, Notaires et autres fonctionnaires et citoyens qui connaissent des rentes et domaines nationaux de la nature de ceux dont il est question aux articles qui précèdent, en donneront avis aux commissions administratives.

X. Pourront les commissions administratives, sur les indications qui leur seront données, compulser les registres des différens préposés de la régie des domaines et de l'enregistrement ; à l'effet de quoi, lesdits préposés seront tenus de leur donner, sans frais, toutes communications et facilités nécessaires.

XI. Les actions juridiques que les commissions administratives croiront devoir intenter pour les cas prévus par les articles qui précèdent, seront préalablement soumises à l'examen d'un comité consultatif, qui sera formé dans chaque arrondissement communal. Il sera composé de trois membres, qui seront choisis par le Sous-Préfet parmi les jurisconsultes les plus éclairés de l'arrondissement.

XII. Ce comité déclarera, par une consultation écrite et motivée, s'il y a lieu de les autoriser à plaider.

XIII. L'avis du comité sera transmis au conseil de préfecture, qui, conformément à l'article IV de la loi du 28 pluviôse an VIII, accordera ou refusera l'autorisation.

XIV. Les commissaires du Gouvernement feront, près des tribunaux, tous les réquisitoires qui seront nécessaires pour que les actions qui seront portées, soient jugées sommairement et sans frais ; ils se conformeront particulièrement aux dispositions de l'arrêté du Directoire exécutif du 10 thermidor an IV.

XV. Pourra le comité consultatif, pour les cas qui le permettront, transiger sur tous les droits litigieux.

Les transactions recevront leur exécution provisoire; mais elles ne seront définitives et irrévocables qu'après avoir été approuvées par le Gouvernement; à l'effet de quoi elles seront transmises au ministre de l'intérieur, revêtues de l'avis des Préfets et Sous-Préfets.

XVI. Tous les trois mois, les Préfets se feront rendre compte des rentes et domaines usurpés, en possession desquels les commissions administratives auront pu être envoyées soit par jugement des tribunaux, soit par mesures de conciliation et d'arbitrage; et ils en transmettront l'état au Ministre de l'intérieur.

XVII. Dans le cas où plusieurs commissions découvriraient en même temps les mêmes rentes ou domaines usurpés, le comité consultatif prononcera, sauf la confirmation du Sous-préfet, sur celle à laquelle il conviendra d'accorder la préférence.

XVIII. Les Ministres de l'intérieur, de la justice, et des finances sont chargés de l'exécution du présent arrêté, qui sera inséré au Bulletin des lois.

Le premier Consul, signé BONAPARTE. Par le premier Consul: *le secrétaire d'état*, signé HUGUES B. MARET. *Le ministre de l'intérieur* signé. CHAPTAL.

Paris, le 28 Messidor, an 9 de la République française, une et indivisible.

Le MINISTRE de l'Intérieur,

Au Préfet du département de

La loi du 4 ventose dernier affecte aux besoins des hospices,

1.° Toutes les rentes appartenant à la République dont la reconnaissance et le payement se trouvent interrompus;

2.° Tous les domaines nationaux détenus ou usurpés par des particuliers.

Cette mesure, citoyen préfet, gage certain de la sollicitude du Gouvernement, doit assurer aux hospices un commencement de donation infiniment important.

Je ne puis donc trop vous recommander de vous occuper spécialement des moyens d'assurer l'exécution de cette loi bienfaisante.

Le règlement des Consuls du 7 de ce mois, fixe d'une manière positive le sens et les degrés d'étendue que l'on doit y donner. Il établit un mode uniforme d'exécution, et lève les doutes et les difficultés qu'ont fait naître les termes généraux qu'elle contient. Je vous en transmets plusieurs exemplaires, avec le développement des motifs de chacun des articles.

Je vous recommande de vous renfermer dans les

dispositions de ce règlement, et de rapporter toutes celles que vous pouvez avoir prises dans le cas où elles y seraient contraires.

Vous tiendrez particulièrement la main à l'exécution de l'article XVI, et vous m'accuseres réception de la présente.

Je vous salue.
signé, CHAPTAL.

MINISTÈRE DE L'INTÉRIEUR.

BUREAU DES SECOURS ET HOPITAUX.

RÈGLEMENT.

Relatif à l'exécution de la loi du 4 Ventôse an 9.

ARTICLE PREMIER.

Les commisssions administratives des hôpitaux auront droit aux arrérages comme au principal des rentes qui leur sont affectées par la loi du 4 ventôse.

INSTRUCTIONS.

ARTICLE PREMIER.

Les dispositions de cet article sont assez positives pour n'exiger aucune instruction. Les commissions cependant ne perdront pas de vue que, suivant l'article 1er du ti-

RÈGLEMENT.	INSTRUCTIONS.
	tre 3 de la loi du 20 Août 1792, les arrérages de rentes foncières se prescrivent par cinq ans, s'ils n'ont été conservés par la reconnaissance du redevable, ou par des poursuites judiciaires.
II.	II.
Sont réputées rentes affectées aux hospices, les rentes et prestations dues par les détenteurs de biens nationaux, à titre de bail emphytéotique, ou qui dépendaient des anciens domaines engagés, ou faisaient partie des anciens apanages et des biens soumis à la confiscations, sous quelque dénomination qu'elles soient connues, s'ils n'ont pas rempli les obligations qui leur ont été impo-	L'article 29 de la loi du 1er Décembre 1790, sur la législation domaniale, obligeait tous les détenteurs de biens nationaux à titre de bail emphytéotique ou autres excédant neuf années, d'en remettre des copies au comité des domaines. Cette injonction a été réitérée par l'article 29, qui ajoute que pareilles copies seront remises aux directoires de département. Cette obligation imposée aux débiteurs de ren-

RÈGLEMENT.

sées par les articles 29 et 39 de la loi du 1.er décembre 1790; et qu'elles soient d'ailleurs dans le cas prévu par la loi.

III.

Il en sera de même, 1.° des rentes en argent ou en nature dues pour fondations à des cures, paroisses, fabriques, corps et corporations, et déclarées nationales par les lois des 13 février et 16 octobre 1791 et par celles du 13 brumaire an 2, dans les cas prévus par la loi du 4 ventôse;

2.° Des rentes foncières représentatives d'une

INSTRUCTIONS.

tes emphythéotiques, équivaut à la déclaration ou reconnaissance, termes consacrés par la loi du 4 Ventôse; et si le service s'en trouvé interrompu, elles rentrent entièrement dans la classe de celles dont parle la loi précitée.

III.

Les lois des 18 Février et 16 Octobre 1791, ont déclaré nationales les rentes affectées à des fondations faites en faveur d'ordres et de corporations qui n'existaient plus dans l'État; celle du 13 Brumaire an 2, a pareillement réuni aux domaines de l'État, les rentes dues aux fabriques.

Il est plusieurs débiteurs de rentes de cette espèce, qui en ont interrom-

RÉGLEMENT.

concession de fonds, et sous quelque denomination qu'elles se présentent ; et en cas de rachat desdits rentes, les commissions administratives se conformeront aux dispositions de la loi du 29 décembre 1790, dans les cas prévus par la loi du 4 ventôse.

INSTRUCTION.

pu le service ; elles font dès-lors partie de celles que la loi abandonne aux hospices.

Quant aux rentes foncières, ces rentes, quoique toutes représentatives de la concession d'un fonds, se subdivisent à l'infini ; leur dénomination varie suivant les usages des lieux où elles ont été créées : ainsi, sous quelque dénomination qu'elles se présentent, dès qu'elles sont représentatives d'une concession quelconque de fonds, elles font partie de celles affectées aux hospices, dans les cas où la prestation en serait interrompue.

RÈGLEMENT.	*INSTRUCTIONS.*
§. II. *Des domaines nationaux affectés aux hospices.*	
IV.	IV.
Les commissions administratives des hôpitaux qui pourront découvrir des biens ecclésiastiques possédés autrement qu'en vertu des décrets de l'assemblée nationale, depuis la publication de la loi du 2 novembre 1789, auront droit de les réclamer en exécution de la loi du 4 ventôse.	Tous les biens ecclésiastiques ont été déclarés nationaux par le décret du 2 Novembre 1789. Depuis cette époque, ils n'ont pu être aliénés par aucun corps religieux : le décret du 14 Octobre 1790 déclare nulles toutes les ventes faites autrement qu'en vertu des décrets de l'assemblée nationale. Il résulte des dispositions de ces deux lois, que si, depuis la publication du décret du 2 Nevembre 1789, il a été fait des aliénations autrement qu'en vertu de décrets, les acquéreurs en jouissent illégalement ; les biens

RÈGLEMENT.	INSTRUCTIONS.
	qu'ils ont acquis rentrent en conséquence dans la classe des domaines désignés par la loi du 4 Ventôse.
V.	**V.**
Elles poursuivront de même en restitution ceux auxquels il a été fait des abandons de bien-fonds, à condition d'acquitter la portion congrue ou d'autres charges relatives au service divin, en tout ou en partie, ou de payer quelques redevances ou réfusions, s'ils n'ont pas fait le versement ou l'option prescrits par l'article 11 du titre 5 de la loi du 5 novembre 1790.	L'article 11 du titre 5 de la loi du 5 Novembre 1790 obligeait ceux auxquels il à été fait des abandons de biens-fonds à condition d'acquitter des portions congrues ou d'autres charges relatives au service divin, ou de payer quelques redevances, aumônes ou autres prestations, à verser dans la caisse du district le capital de ce dont ils étaient tenus, ou à renoncer auxdits biens. Ainsi, les détenteurs de ces biens, s'ils n'ont pas fait le versemant prescrit, jouissent en contra-

RÈGLEMENT.	INSTRUCTIONS.
	vention de la loi, et sont, en conséquence, dans le cas d'être recherchés par les commissions administratives
VI.	VI.
Seront de même poursuivis, au profit des hospices, les fermiers, locataires, concessionnaires et autres jouissant à quelque titre que ce soit, s'ils n'ont pas déclaré, conformément à l'article 37 des décrets des 7 et 11 août 1790, comment et en vertu de quoi ils jouissent, et s'ils n'ont pas représenté et fait parapher leurs titres.	L'article 37 des décrets des 7 et 11 Août 1790, sur la constitution civile du clergé, enjoignait à tous fermiers, locataires, concessionnaires et autres jouissant à quelque titre que ce soit, de déclarer aux secrétariats de district comment et en vertu de quoi ils jouissaient, et d'y représenter et faire parapher leurs titres L'article 57 du même décret déclarait déchus de toute jouissance et condamnait à une amende ceux qui ne feraient pas leur déclaration ou en feraient de fausses. La loi

RÈGLEMENT. INSTRUCTIONS.

du 5 Janvier 1791, article 10, contient aussi quelques dispositions relatives au même objet. Les commissions auront donc à rechercher s'il est encore dans leurs arrondissemens, des particuliers qui, n'ayant pas satisfait aux lois, se trouveraient dans le cas de recevoir l'application de la loi du 4 Ventôse.

VII.

Seront pareillement poursuivis,

1.° Les détenteurs de biens à titre de baux emphytéotiques ou à longues années, qui ne seraient pas revêtus des formalités prescrites par la loi du 27 avril 1791;

2.° Tous dépositaires, comptables et débiteurs envers les émigrés et au-

VII.

La loi du 27 Avril 1791 a déterminé les formalités dont les baux emphytéotiques ou à longues années devaient être revêtus pour être maintenus; les détenteurs actuels qui n'ont pas fait remplir ces formalités, jouissent en contravention de la loi.

Un décret du 23 Août 1792 a ordonné à tous of-

RÈGLEMENT.	*INSTRUCTIONS.*
tres, auxquels la République a succédé, qui se seront soustraits aux recherches de la régie et à l'exécution des articles 11 et suivans de la loi du 25 juillet 1793, ainsi qu'à celles des 26 frimaire an 2, 26 floréal et 21 prairial an 3.	ficiers publics ou dépositaires, de déclarer tout ce qu'ils sauraient appartenir aux émigrés en valeurs, espèces, contrats, rentes, etc. Les articles 11 et suivans du titre II de la loi du 25 juillet 1793, font la même injonction à tous dépositaires, fermiers, comptables et débiteurs sans exception. Deux autres lois, du 26 frimaire an 2, contiennent des dispositions du même genre relativement aux biens soumis à la confiscation. Ainsi tous détenteurs de biens, tous débiteurs de rentes et créances, tous comptables et dépositaires qui n'ont pas satisfait aux lois précitées,

RÈGLEMENT. | *INSTRUCTIONS.*

sont dans le cas d'être recherchés par les commissions.

VIII.

Les commissions administratives des hôpitaux prendront connaissance des maisons et autres propriétés nationales possédées à titre d'usufruit par des titulaires de bénéfices, en vertu de titres, usages, droits quelconques; et dans le cas où les usufruits en seraient éteints et que les héritiers ou représentans des titulaires auraient éludé d'en faire la déclaration et remise à l'administration des domaines, les propriétés dont il est question, seront, comme celles énoncées aux articles qui pré-

VIII.

A l'époque de la révolution, plusieurs titulaires de bénéfices jouissaient, à titre d'usufruits, de maisons et autres propriétés déclarées nationales.

Les articles 26, 27, 28 et 29 du décret du 24 juillet 1790, sur le traitement du clergé, contiennent des dispositions importantes relativement à ces usufruits. Elles demandent la plus grande surveillance de la part des commissions, afin d'être en état, lors de l'expiration des usufruits dont peuvent encore jouir quelques anciens titulaires, d'en suivre l'envoi en pos-

RÈGLEMENT.

cèdent, soumises à l'effet de la loi du 4 ventôse; le tout ainsi qu'il est prescrit par les art. 26, 27, 28 et 29 du décret du 24 juillet 1790.

Quant aux usufruits qui s'éteindront par la suite, dans le cas où ils seraient soustraits aux recherches et à la connaissance de la régie, les commissions administratives qui parviendront à les découvrir, seront subrogées aux droits de la République.

INSTRUCTIONS.

session au profit des hospices, en cas que ces objets échappent à la vigilance des préposés de la régie.

L'attention des commissions se portera d'abord sur ceux dont les usufruits se trouvent éteints. Si la régie a négligé de les faire réunir au domaine national, ils devront être mis à la disposition des hospices.

RÈGLEMENT.

IX.

Conformément à l'article 2 de la loi du 4 ventôse, les Préfets, Sous-Préfets, maires, notaires et autres fonctionnaires et citoyens qui connais-

INSTRUCTIONS.

IX.

Les administrateurs des hôpitaux pourront faire, au nom des pauvres, un appel à leurs concitoyens, et les inviter à les aider de tous les détails

RÈGLEMENT. *INSTRUCTIONS.*

sent des rentes et domaines nationaux de la nature de ceux dont il est question aux articles qui précèdent, en donneront avis aux commissions administratives.

et renseignemens qui seront à leur connaissance.

X.

Pourront les commissions administratives, sur les indications qui leur seront données, compulser les registres des différens préposés de la régie des domaines et de l'enregistrement; à l'effet de quoi lesdits préposés seront tenus de leur donner, sans frais, toutes connaissances et facilités nécessaires.

X.

Cette disposition n'est susceptible d'aucune instruction; il n'y a pas de doute que les préposés de la régie s'empresseront de donner aux commissions toutes les communications qui pourront leur être utiles dans l'objet de leurs recherches.

XI.

Les actions juridiques que les commissions ad-

Il résulte des dispositions du présent règle-

RÉGLEMENT.	INSTRUCTIONS.
ministratives croiront devoir intenter pour le cas prévus par les articles qui précèdent, seront préalablement soumises à l'examen d'un comité consultatif, qui sera formé dans chaque arrondissement communal. Il sera composé de trois membres qui seront choisis par le Sous-Préfet, parmi les jurisconsultes les plus éclairés de l'arrondissement. XII. Ce comité déclarera, par une consultation écrite et motivée, s'il y a lieu de les autoriser à plaider. XIII. L'avis du comité sera transmis au conseil de	ment, que l'exécution de la loi du 4 Ventôse n'est pas sans difficultés, et qu'elle peut donner lieu à beaucoup d'actions à intenter contre les debiteurs de rentes et les détenteurs de domaines abandonnés à ces établissemens. Les commissions administratives doivent donc être environnées de toutes lumières propres à les guider dans leurs démarches, et à les empêcher d'en faire de fausses. L'intérêt des pauvres exige que les autorisations qu'elles ont à provoquer des autorités sous lesquelles elles sont placées, avant de former leurs demandes en justice, ne leur soient accordées qu'après l'examen le plus approfondi; et c'est à cet

RÈGLEMENT.

préfecture. qui, conformément à l'article 4 de la loi du 28 Pluviôse an 8, accordera ou refusera l'autorisation.

XIV.

Les commissaires du Gouvernement feront près des tribunaux tous les réquisitoires qui seront nécessaires pour que les actions qui y seront portées y soient jugées sommairement et sans frais ; ils se conformeront particulièrement aux dispositions de l'arrêté du Directoire exécutif, du 10 Thermidor an 4.

XV.

Pourra le comité consultatif, pour les cas qui le permettront, transi-

INSTRUCTIONS.

effet que les Consuls ont adopté l'idée d'un comité de jurisconsultes chargés de donner des consultations motivées sur toutes les actions qui pourront être utilement intentées: ils ont pensé que ce comité sera d'autant plus utile, que la connaissance de la législation domaniale peut être, dans plusieurs communes, étrangère aux membres des commissions, et qu'il pourrait former, dans les cas qui le permettront, une espèce de bureau conciliateur qui remplirait parfaitement les vues exprimées par le tribunat, pour engager les débiteurs de rentes mixtes à faire, en faveur des pauvres, le sacrifice des moyens qu'ils croiraient

RÈGLEMENT.

ger sur tous les droits litigieux.

Les transactions recevront leur exécution provisoire ; mais elles ne seront définitives et irrévocables qu'après avoir été approuvées par le Gouvernement. A l'effet de quoi elles seront transmises au ministre de l'intérieur, revêtues de l'avis des préfets et sous-préfets.

INSTRUCTIONS.

avoir pour élever des contestations sur la nature de ces rentes

L'article 14 du règlement, en appliquant aux actions qui pourront avoir lieu, les dispositions de l'arrêté du directoire du 10 Thermidor an 4, a eu pour but d'assurer aux hospices un moyen d'économiser leurs ressources, et d'éviter des dépenses superflues de plaidoiries. Les commissions devront donc être très-attentives à remettre aux commissaires près des tribunaux, les consultations du comité, dont il est question en l'article 11.

RÈGLEMENT.

XVI.

Tous les trois mois, les Préfets, se feront rendre compte des rentes et

INSTRUCTIONS.

XVI.

Le Gouvernement voulant être instruit de l'activité des commissions

RÈGLEMENT.	*INSTRUCTIONS.*
domaines usurpés, en possession desquels les commissions administratives auront pu être envoyées, soit par jugement, soit par mesures de conciliation et d'arbitrage, et ils en transmettront l'état au ministre de l'intérieur.	et du succès de leurs recherches, les Préfets veilleront à ce que les états à transmettre au ministre de l'intérieur lui soient régulièrement adressés tous les trimestres. Ces états devront faire connaître le capital et intérêt annuel de la rente, le montant des arrérages exigibles et les noms et demeures du débiteur. Ils suivront la même marche pour les domaines usurpés.
XVII.	XVII.
Dans le cas où plusieurs commissions découvriraient en même temps les mêmes rentes ou domaines usurpés, le comité consultatif prononcera, sauf la confirmation du Sous-Préfet, sur	Cet article ne prévoit pas le cas où des commissions découvriraient des rentes et domaines usurpés dans des arrondissemens qui leur seraient étrangers, en même temps que des commissions

RÈGLEMENT.	*INSTRUCTIONS.*
celle à laquelle il conviendra d'accorder la préférence.	d'hospices situés dans ces mêmes arrondissemens ; mais ce silence doit s'interpréter naturellement, à raison des avantages de la proximité, en faveur des commissions établies dans l'arrondissement du débiteur de la rente, ou de la situation de l'immeuble qu'elles decouvrent.
Le Chef de la 3e Division du Ministère de l'intérieur,	*Le Ministre de l'intérieur,*

(N.° 2217.) *Arrêté contenant désignation de Rentes provenant de l'ancien Domaine national, du Clergé ou de Corporations supprimées, qui sont censées appartenir aux Hospices.*

Du 27 Frimaire.

Les Consuls de la République, sur le rapport du Ministre des finances,

Arrêtent :

Art. I.er Toute rente provenant de l'ancien domaine national, pour laquelle la régie de l'enregistrement ne pourra justifier qu'il ait été fait de payement depuis le premier jour de l'an 1.er de la République, ou exercé de poursuites, soit par voie de contraintes signifiées, soit devant les corps administratifs ou les tribunaux, depuis la même époque, sera censée appartenir aux hospices.

II. Toute rente provenant du clergé, de corporations supprimées, d'établissemens publics, de communes, ou de toute autre origine que ce soit, qui n'est pas inscrit sur les registres de la régie des domaines, ou dont cette régie, quoiqu'elle en eût les titres, n'aurait pas fait le recouvrement, ou ne l'aurait pas fait poursuivre, ainsi qu'il est dit en l'article précédent, et serait dès-lors censée en avoir ignoré l'existence, appartient également aux hospices, pourvu toutefois que six ans au moins se soient écoulés depuis le moment où la rente a été mise sous la main de la nation jusqu'au jour du présent arrêté.

III L'inscription des rentes sur les registres de la régie, mentionnée en l'art. II, sera constatée à la diligence des Préfets.

IV. Le Ministre des finances est chargé de l'exécution du présent arrêté, qui sera inséré au Bulletin des lois.

Le premier Consul signé BONAPARTE. Par le premier Consul : *le secréteire d'état,* signé HUGUES B. MARET. *Le ministre des finances*, signé GAUDIN.

(*N.*° 824.) *Arrêté qui déclare communes aux bureaux de bienfesance les dispositions de la loi du 4 Ventose an 9 sur les rentes et domaines nationaux affectés aux hospices.*

Du 9 Fructidor.

LES CONSULS DE LA REPUBLIQUE, ouï le rapport du Ministre de l'intérieur,

Arrêtent ce qui suit :

Les dispositions de la loi du 4 Ventôse an 9, qui affectent aux hospices les rentes appartenant à la République dont le paiement se trouve interrompu, et les domaines nationaux usurpés par des particuliers, sont communes aux bureaux de bienfesance, et autres établissemens de même nature, qui existent actuellement dans l'étendue de la République.

Le présent arrêté sera inséré au Bulletin des lois.

Le premier Consul, signé BONAPARTE. Par le premier Consul : *le secrétaire d'état*, signé HUGUES B. MARET. *Le ministre de l'intérieur*, signé CHAPTAL.

(N.° 384). *Arrêté relatif au paiement des sommes dues aux hospices civils, et au remplacement en capitaux, de leurs biens aliénés.*

Du 15 Brumaire.

LES CONSULS DE LA RÉPUBLIQUE, le conseil d'état entendu,

ARRÊTENT :

ART. 1. Les sommes qui restent dues aux hospices civils par les Départemens de la guerre, de la marine et de l'intérieur, pour services des années 5, 6, 7 et 8, leur seront payées, dans délai, en capitaux des rentes appartenant à la République.

II. Ces paiemens seront faits à chaque hospice en rentes dues dans le Département où il est situé.

III. Les administrateurs des hospices ne pourront aliéner lesdits rentes qu'à concurrence de leurs dettes, et après en avoir obtenu l'autorisation du Gouvernement, donnée sur l'avis du Préfet du Départemant, constatant la nécessité et les avantages de l'aliénation.

IV. En cas de remboursement desdites rentes par les débiteurs, les administrations des hospices seront tenues d'en faire de suite le remplacement et l'emploi en acquisition de rentes sur la République, sauf les cas où l'hospice serait grevé de rentes constituées ; le produit du remboursement des rentes foncières pourra alors, sous l'autorisation du Préfet, être employé à l'extinction desdites dettes de l'hospice.

V. Toutes rentes appartenant à la République, dont la reconnaissance et le paiement se trouveraient interrompus, sont spécialement affectées aux hospices.

Les administrations des hospices recevront les avis que leur en donneront les Préfets, Sous-Préfets, Maires, Notaires et autres fonctionnaires et citoyens qui auront connaissance de rentes de cette espèce ; et à leur première requête, les commissaires du Gouvernement près les tribunaux seront tenus d'en poursuivre la restitution au profit desdits hospices.

VI. Il en sera de même pour les domaines nationaux qui auraient été usurpés par des particuliers

VII. Une somme de quatre millions de revenus en domaines nationaux, sera, de plus, employée au profit des différens hospices civils, en remplacement des biens qu'ils possédaient et qui ont été aliénés, d'après l'état qui en sera fourni par le Ministre de l'intérieur.

VIII. La somme en capitaux de rentes foncières pour les dépenses publiques autres que celles des hospices, ne pourra excéder vingt millions; et pour ce qui reste à disposer sur cette somme, on n'emploiera que les rentes dues dans les Départemens dans lesquels on n'a pas aliéné les biens des hospices, ou qui en ont reçu le remplacement.

IX. Les ministres des finances et de l'intérieur sont chargés de l'exécution du présent arrêté, qui sera inséré au Bulletin des lois.

Le premier Consul, signé BONAPARTE. Par le premier Consul: *le secrétaire d'état,* signé HUGUES B. MARET. *Le ministre de la justice,* signé ABRIAL.

Extrait des Registres des délibérations des Consuls de la République.

Saint-Cloud, le 6 Nivôse an 11 de le République française.

LES CONSULS DE LA RÉPUBLIQUE, sur le repport du Ministre de l'intérieur; le Conseil d'état entendu,

ARRÊTENT:

ART. I. Les baux à ferme des eaux minérales, bains et établissemens en dépendans, dont les communes sont ou seront reconnues propriétaires, seront adjugés à l'avenir devant le Sous-Préfet de l'arrondissement du département, en présence du Maire de la commune sur le territoire de laquelle les eaux sont situées.

II. En exécution de l'article 2 de la loi du 11 Février 1791, les adjudications ne pourront avoir lieu que dans les formes prescrites par la loi du 5 Novembre 1790.

III Le cahier des charges en sera dressé par le Sous-Préfet, sur l'avis et la proposition du Conseil municipal, et approuvé par le Préfet du département.

IV. Les réparations à faire aux sources seront autorisées par les Préfets dans les formes prescrites par l'article 2 de l'arrêté du 29 Floréal an 7, et par l'article 6 de l'arrêté du 3 Floréal de l'année suivante, après avoir pris l'avis du Conseil municipal et du Sous-Préfet de l'arrondissement.

V. Seront pareillement exécutées, en ce qui concerne les constructions et améliorations dont les sources communales seront susceptibles, les dispositions de l'article 7 de l'arrêté du 3 Floréal an 8; et à l'égard du prix des eaux, les dispositions de l'article 4 du même arrêté.

VI. Les produits des baux seront spécialement réservés pour l'entretien, les réparations et améliorations des sources, bains et établissemens en dépendans, ainsi que pour le paiement des officiers de santé chargés de leur inspection. L'excédant des produits sera versé dans les caisses municipales; pour en être disposé suivant le réglement du 4 Thermidor an 10 sur l'administration des revenus municipaux.

VII. Les dispositions prescrites par l'article 6, seront suivies pour le produit des sources minerales qui appartiennent à la République, excepté pour le versement de l'excédant, qui sera fait dans la caisse d'amortissement, à la diligence des préposés des domaines, pour y rester à la disposition du Ministre de l'intérieur, et être par lui appliqué à l'amélioration des eaux minérales, ou aux secours aux indigens auxquels ces eaux seront nécessaires.

VIII. Le mode de nomination des officiers de santé pour le service des eaux communales, sera le même que celui prescrit par l'article 2 de l'arrêté du 23 Vendêmiaire an 6.

Leur traitement sera réglé d'après les bases fixées par les articles 9 et 10 de l'arrêté du 3 Floréal an 8.

IX. Seront, au surplus, les droits de propriété des communes sur les sources minérales, discutés et réglés, en cas de contestation des communes avec la République, par devant les Conseils de préfecture, le directeur des domaines entendu, et sauf la confirmation du Gouvernement.

X. Quant aux sources exploitées par les particuliers qui en seront propriétaires, ils seront tenus de se conformer aux règles de police des eaux minérales, et de pourvoir, sur le produit de ces eaux, au paiement du traitement de l'officier de santé que le Gouvernement jugera nécessaire de commettre pour leur inspection; ils seront pareillement tenus de faire approuver par le Préfet le tarif du prix de leurs eaux,

sauf le recours au Gouvernement en cas de contestation.

XI. Seront, au surplus, observés, pour toutes les eaux minérales, et pour le débit et la vente des eaux hors de la source, les arrêtés des 23 Vendémiaire an 6, 29 Floréal an 7, et 3 Floréal an 8, dans tous les articles non rapportés ou modifiés par le présent.

XII. Les Ministres de l'intérieur et des finances, chacun en ce qui le concerne, sont chargés de l'exécution du présent arrêté, qui sera inséré au Bulletin des lois.

Le premier Consul, signé BONAPARTE. Par le premier Consul: *le secrétaire d'état*, signé HUGUES B. MARET. Contre-signé CHAPTAL.

MINISTÈRE DE L'INTERIEUR.

Extrait *des Régistres des délibérations du Gouvernement de la Repuclique.*

Saint-Cloud, le 11 Fructidor, an 11 de la République.

LE GOUVERNEMENT DE LA RÉPUBLIQUE, sur le rapport du Ministre de l'intérieur;

Le Conseil d'état entendu, ARRÊTE:

ART. I. Le traitement des Vicaires, Chapelains et Aumôniers attachés à l'exercice du culte dans les établissemens d'humanité, ensemble les frais du culte dans ces établissemens, seront réglés par les Préfets, sur la proposition des commissions et l'avis des Sous-préfets.

II. Les arrêtés pris par les Préfets ne seront exécutés qu'après avoir été soumis à l'approbation du Ministre de l'intérieur.

III. Le Ministre de l'intérieur est chargé de l'exécution du présent arrêté, qui sera inséré au Bulletin des lois.

Le premier Consul, signé BONAPARTE. Par le premier Consul : *le secrétaire d'état*, signé : HUGUES B. MARET. *Contre-signé par le ministre de l'intérieur*, signé : CHAPTAL.

Pour ampliation :
Le Ministre de l'intérieur
CHAPTAL.

(Bull. 301. N.° 3023.) *Arrêté qui proroge, pour l'an douze, les droits à percevoir sur les spectacles, bals, concerts, etc. etc.*

Bruxelles, du 10 Thermidor an 11.

LE GOUVERNEMENT DE LA RÉPUBLIQUE, sur le rapport du Ministre de l'intérieur ;

Vû les lois des 7 Frimaire et 8 Thermidor an 5,

et celle du 6e jour complémentaire an 7, relatives aux droits à percevoir sur les spectacles, bals, concerts, exercices de chevaux, et autres fêtes publiques.

Vû aussi les arrêtés des 7 Fructidor an 8, 11 Fructidor an 9, et 18 Thermidor an 10;

Vû enfin la loi du 22 Germinal an 11, art. 22, tit. 6;

Le Conseil d'état entendu,

ARRÊTE:

ART. I. Les dispositions de la loi du 4 Germinal an 11 rélatives à la prorogation, pour l'an 12, des contributions indirectes de l'an 11, sont applicacles aux droits établis, en faveur das pauvres, et des hospices, sur les spectacles, bals, concerts, feux d'artifice, courses, exercices de chevaux, et autres fêtes publiques, en conséquence l'arrêté du 18 Thermidor an 10, ensemble les instructions y rélatives, continueront de recevoir leur exécution pour l'an 12.

II. Les établissemens connus sous la denomination de panorama, et de théâtre pittoresque et mecanique sont assimilés aux spectacles pour la quotité du droit à percevoir.

III. Les contestations qui pourront s'élever dans l'exécution ou l'interprétation du présent arrêté, seront decidées par les Préfets en conseil de préfecture, sur l'avis motivé des comités consultatifs établis en exécution de l'arrêté du 7 Messidor an 9, dans chaque arrondissement communal, pour le contentieux de l'administration des pauvres et des hospices, sauf en cas de reclamation, le recours au Gouvernement.

IV. Le Ministre de l'intérieur est chargé de l'exécution du présent arrêté, qui sera inséré au Bulletin des lois.

Le premier Consul, signé BONAPARTE. Par le premier Consul, *le sécrétaire d'état*, HUGUES B. MARET. *Le Ministre de l'intérieur*, signé CHAPTAL.

Extrait *des instructions du Ministre de l'intérieur en date du 26 Fructidor an 10, sur la perception des droits des pauvres sur les spectacles, bals et fêtes publiques.*

Il parait qu'à l'égard des droits sur les bals, concerts, courses, exercices de chevaux et autres fêtes publiques, la loi est restée sans exécution dans plusieurs communes rurales; cependant elle pouvait aussi fournir quelques ressources aux bureaux de charité; il est peu de ces communes où chaque année les foires et les fêtes patronales, ne puissent donner lieu à la perception de quelques droits, en laissant par adjudication, la permission d'ouvrir des bals, des jeux, et des divertissemens publics.

Dans plusieurs endroits, les directeurs de bals et

fêtes publiques ont cherché à priver les pauvres du droit que la loi leur assure, en stipulant qu'une partie du prix de chaque billet d'entrée serait employé en consommations diverses; et de là ils ont élevé la prétention que le droit ne devait point être perçu sur cette portion; en sorte, par exemple, qu'un billet d'entrée pour lequel on paie un franc, et dont 75 centimes peuvent être employés en consommation, ne serait assujetti à la perception que sur le pied des 25 autres centimes. Cette manière d'interpréter, ou plutôt d'éluder la loi, ne me paraît pas fondée: son but est que le quart de la recette, c'est-à-dire, le quart du produit du prix des billets pris pour entrer dans des lieux où se donnent des fêtes, jeux et divertissemens publics, soit perçu en faveur des pauvres. Il ne s'agit point d'examiner si l'on consomme ou non dans l'intérieur, mais bien de constater le produit de chaque billet pris pour entrer, et de percevoir le quart des pauvres sur la totalité de la recette qui en est résultée. C'est aux directeurs à en calculer le prix en conséquence.

On a mis en question si le droit des pauvres devait être perçu dans les jardins et autres lieux publics où l'on entre sans payer, mais où se donnent des concerts, et où se trouvent établis des danses, des jeux et autres divertissemens pour lesquels des rétributions sont exigées, ou par la voie de cachets, ou par abonnement. Tous les doutes doivent cesser en se pénétrant bien que le but de la loi est de mettre les plaisirs à contribution. Ainsi, quel que soit le mode de paiement des rétributions, je ne pense pas que le droit des pauvres puisse être contesté. La perception, à la vérité, peut être difficile à établir; mais les autorités chargées d'accorder les permissions d'ouvrir les lieux pour y donner des divertissemens publics, peuvent aplanir ces difficultés, en exigeant des requérans le versement d'une somme fixe et determinée dans la caisse des pauvres et des hospices. Il leur suffira de bien se pénétrer, à cet egard, que la nature de leurs fonctions leur impose l'obligation de concourir de tout leur pouvoir à tout ce qui peut tendre à l'accroissement des ressources des établissemens d'humanité, et de se concerter à cet effet avec les administrateurs de ces établissemens.

Je dois également, citoyen Préfet, vous représenter que les droits à percevoir sur les spectacles qui se donnent en faveur des artistes ou autres citoyens, ne doivent être perçus qu'à raison du décime par franc en sus du prix ordinaire et habituel de chaque billet d'entrée et d'abonnement Le doublement, ou toute autre augmentati n du prix des places, est un avantage que le public veut bien assurer aux artistes pour lesquels le spectacle a lieu: sous ce point de vue, vous sentirez facilement que, pour cet acte de sa bienfesance, il ne serait pas juste d'exiger qu'il payât de plus le décime par franc de l'augmentation à laquelle il veut bien souscrire.

Je vous salue.
CHAPTAL.

Pour le Ministre:
Le secrétaire général,
COULOMB.

MINISTÈRE DE L'INTÉRIEUR.

Arrêté relatif à l'établissement des Troncs et des Quêtes dans les Temples et autres lieux publics.

Paris, le 5 Prairial an 11 de la République française.

Le Ministre de l'intérieur, vu l'article 8 de la loi du 7 frimaire an 5, ARRÊTE ce qui suit :

ART. I.er Les Administrateurs des hospices et des bureaux de bienfaisance organisés dans chaque arrondissement, sont autorisés à faire quêter dans tous les temples consacrés à l'exercice des cérémonies religieuses, et à confier la quête, soit aux filles de charité vouées au service des pauvres et des malades, soit à telles autres dames charitables qu'ils jugeront convenables.

II. Il sont pareillement autorisés à faire poser dans tous les temples, ainsi que dans les édifices affectés à la tenue des séances des corps civils, militaires et judiciaires, dans tous les établissemens d'humanité, auprès des caisses publiques, et dans tous les autres lieux où l'on peut être excité à faire la charité, des troncs destinés à recevoir les aumônes et les dons que la bienfaisance individuelle voudrait y déposer.

III. Tous les trois mois les bureaux de charité feront aussi procéder, dans leurs arrondissemeus respectifs, à des collectes.

IV. Le produit des quêtes, des troncs et des collectes, sera réuni dans la caisse de ces institutions, et employé à leurs besoins suivant et conformément aux lois. Les Préfets en transmettront l'état tous les trois mois au Ministre de l'intérieur.

V. Dans les arrondissemens où l'établissement des bureaux de bienfaisance et des bureaux auxiliaires n'a point encore eu lieu, les Préfets, conformément aux instructions du 28 vendémiaire an 10, s'occuperont, sans délai, de leur organisation, et soumettront à la confirmation du Ministre les arrêtés qu'ils croiront devoir prendre.

VI. Les Préfets sont respectivement chargés d'assurer l'exécution de ces dispositions, et d'en rendre compte.

Fait et arrêté le 5 Prairial, an 11 de la République.

CHAPTAL.

Circulaire du Préfet de Rhin et Moselle aux administrateurs des établissemens de bienfesance.

Du 29 Messidor an 11.

Divers lois et règlemens constitutifs de l'administration des établissemens d'humanité leur accordent, Citoyens, le droit de faire quêter dans les églises, et d'y poser des troncs destinés à recevoir les dons et les aumônes,

Le Gouvernement, sur le rapport du Ministre de l'intérieur a trouvé bon de faire revivre tout ce que pourrait tendre à exciter la bienfaisance des citoyens, et à consolider l'existance de ces institutions, en leur ménageant tous les moyens de se créer de nouvelles sources de revenus pour les pauvres : en conséquence de son assentiment, le Ministre a pris la décision que vous trouverés ci-dessus.

Je vous invite, citoyens, à exécuter les dispositions qu'elle contient.

Vous n'oublierés pas de me faire passer à la fin de chaque trimestre l'état du produit des quêtes, des troncs et des collectes.

Je vous salue.

La présente instruction était déjà sous presse à la reception de l'arrêté ci joint du Gouvernement du 19 Vendémiaire an 12, concernant la responsabilité des receveurs des revenus des hôpitaux, bureaux de charité, et autres établissemens de bienfaisance ; par cet arrêté il est alloué une indemnité au comptable pour le travail, dont il est chargé et la responsabilité, qui lui est imposée.

Les commissions proposeront au Préfet l'indemnité à allouer. Dans quelques lieux on a rendus les receveurs, étrangers aux poursuites à faire pour activer le recouvrement, et aux mesures à prendre pour assurer la conservation des créances, droits et privilèges de ces établissemens; et ailleurs, on les a circonscrits dans des limites telles, qu'ils ne sont pas ce que les lois ont voulu qu'ils fussent, et qu'ils se trouvent réduits aux fonctions de simples chefs de caisses; ou par des agens intermédiaires et désignés sous diverses dénominations, les commissions font arrivées le produit des loyers, des fermages et de tous les autres revenus; cette marche est contraire au vœu des lois; elle a de plus l'inconvénient de disseminer la comptabilité des perceptions; de rendre plus difficiles les moyens de connaître les rentrées, et d'apprécier les ressources; il en resulte en outre plus d'entraves pour la reddition des comptes, leur audition, leur vérification et leur appurement. L'objet de l'arrêté du Gouvernement est de parer à ces inconvéniens. Cet arrêté sans déroger à l'hypothèque tacite et légale des pauvres et des hôpitaux sur les biens de leurs administrateurs, fait réposer sur la responsabilité particulière des receveurs le soin de poursuivre les débiteurs jusques et compris la saisie exécution de leurs meubles, d'avertir les administrateurs de l'échéance des baux, d'empêcher les prescriptions, de veiller à la conservation des domaines, droits et privilèges, de requérir l'inscription aux bureaux des hypothèques, de conserver les titres qui en sont susceptibles, et d'en tenir registre. —

Cette responsabilité réelle et pecuniaire peut être atteinte à toute époque, au moyen des cautionnemens, auxquels le Préfet les a astreint, ainsi que ceci est prescrit par le §. 17 de l'instruction.

Les commissions administratives rappeleront à l'attention particulière des receveurs, que les acquisitions, les échanges, et généralement tous les actes portant mutation de propriété, doivent être transcrits au bureau des hypothèques dans l'arrondissement desquels les biens sont situés, et que cette obligation est aussi prescrite pour les donations de biens susceptibles d'hypothèques par la loi du 10 floréal an 11, art. 239 et 240 du tit. II. du Livre III. du code civil.

Suit l'arrêté du Gouvernement du 19 Vendémiaire an 12.

MINISTÈRE DE L'INTÉRIEUR.

Extrait *des Registres des délibérations du Gouvernement de la République.*

Saint-Cloud, le 19 Vendémiaire an 12 de la République.

LE GOUVERNEMENT DE LA RÉPUBLIQUE, sur le rapport du Ministre de l'intérieur, le Conseil d'état entendu,

ARRÊTE :

Art. I. Les Receveurs des communes et les Receveurs des revenus des hôpitaux, bureaux de charité, maisons de secours et autres établissemeus de bienfesance, sous quelques dénominations qu'ils soient connus, seront tenus de faire, sous leur responsabilité respective, toutes les diligences nécessaires pour la recette et perception desdits revenus, et pour le recouvrement des legs et donations, et autres ressources affectées au service de ces établissemens; de faire faire contre tous les débiteurs en retard de payer et à la requête de l'administration à laquelle ils sont attachés, les exploits, significations, poursuites et commandemens nécessaires; d'avertir les Administrateurs de l'échéance des baux; d'empêcher les prescriptions; de veiller à la conservation des domaines, droits, privilèges et hypothèques; de requérir, à cet effet, l'inscription au bureau des hypothèques, de tous les titres qui en sont susceptibles, et de tenir registre desdites inscriptions et autres poursuites et diligences.

II. Pour faciliter aux Receveurs l'exécution des obligations qui leur sont imposées par l'article précédent, ils pourront se faire délivrer par l'administration dont ils dépendent, une expédition en forme de tous les contrats, titres nouvels, déclarations, baux, jugemens et autres actes concernant les domaines dont la perception leur est confiée, ou se faire remettre par tous dépositaires lesdits titres et actes, sous leur récépissé.

III. On fixera dans le délai de trois mois, et dans les formes établies, la somme qui devra être allouée à chaque comptable pour le travail dont il est chargé, et la responsabilité qui lui est imposée par le présent arrêté.

IV. Chaque mois les Administrateurs s'assureront des diligences des Receveurs par la vérification de leurs registres.

V. Seront, au surplus, lesdits Receveurs soumis aux dispositions des lois relatives aux comptables des deniers publics et à leur responsabilité.

VI. Le Ministre de l'intérieur est chargé de l'exécution du présent arrêté, qui sera inséré au Bulletin des lois.

Le premier Consul, signé BONAPARTE. Par le premier Consul, *le secrétaire d'état*, signé HUGUES B. MARET,

Pour ampliation :
Le Ministre de l'intérieur,
CHAPTAL.

Extrait du registre des arrêtés du Préfet du Département de Rhin et Moselle.

Coblence, le 15 Vendémiaire an 12.

Le Préfet du Département de Rhin et Moselle,

Vu l'instruction, qui précéde,

ARRÊTE:

Qu'elle sera imprimée ensemble les lois, arrêtés, et instructions y rappellées, pour être adressée aux commissions administratives des établissemens d'humanité du Département, avec injonction de s'y conformer.

Le Préfet du Département de Rhin et Moselle:
CHABAN.

Par le Préfet, *le secrétaire général;*
MASSON.